PRINCIPIOS BÁSICOS DE LA ORACIÓN PARA TODOS

TERRY GLASPEY

PRINCIPIOS BÁSICOS DE LA ORACIÓN PARA TODOS

Publicado por
Unilit
Medley, FL 33166

Primera edición 2025

Principios básicos de la oración para todos
Se extrajo de *25 Keys to Life-Changing Prayer*
Publicado por *Harvest House Publishers*
Eugene, Oregon 97408
www.harvesthousepublishers.com

Traducción: *Nancy Pineda*
Diseño de cubierta y maquetación: *www.produccioneditorial.com*

Producto: 497203

ISBN: 0-7899-2824-8 / 978-0-7899-2824-5

Categoría: *Vida cristiana / Crecimiento espiritual / Oración*
Category: *Christian Living / Spiritual Growth / Prayer*

Impreso en Colombia
Printed in Colombia

CONTENIDO

INTRODUCCIÓN

DALE SENTIDO A LA ORACIÓN

Este es un pequeño libro acerca de un gran tema... la oración.

En cierto sentido, la oración es una de las cosas más sencillas que podemos hacer. Se nos invita a abrir nuestro corazón y nuestra boca, y hablar con Dios.

Un niño puede orar.

En otro sentido, la oración es una de las cosas más difíciles de hacer. La mayoría de las personas tienen dificultades de vez en cuando con sus oraciones, y a menudo sienten que son inadecuadas, irrelevantes, tontas o ineficaces. La oración puede parecer una tarea extraña e inútil. Si la oración es una conversación, es una conversación con alguien a quien no podemos ver ni oír... al menos no con nuestros ojos ni oídos. Y se requiere fe y disciplina para tener una vida de oración eficaz. Los grandes santos pasaron toda su vida aprendiendo a orar.

Sí, la oración es una idea sencilla. En cambio, no es una práctica sencilla.

Si somos sinceros, la inmensa mayoría de nosotros no oramos mucho, ni muy a menudo, ni con la firme sensación de que nuestras oraciones importen en realidad o marquen la diferencia. Puede que hagamos una oración durante la comida o pronunciemos un «amén» al final de una oración durante el servicio religioso. Si sucede algo terrible, o tememos que pueda suceder, murmuramos una oración rápida, casi como un amuleto de la suerte contra el peligro. Aparte de eso, puede que nos las arreglemos para dedicar unos momentos a la oración cada día, pero con demasiada frecuencia nuestras oraciones parecen desenfocadas, y la experiencia real de orar a veces parece (¿nos atrevemos a admitirlo?) aburrida y sin sentido. Puede que sea un bonito ritual religioso, pero no estamos seguros de que sirva para algo en realidad.

La oración puede parecer una de las partes más difíciles de nuestra vida espiritual.

Ahí es donde entra este pequeño libro. Nace de mi lucha por aprender a orar de forma más eficaz y por conseguir orar de verdad en lugar de limitarme a hablar de esto. No puedo ofrecerte ninguna fórmula mágica que facilite la oración, siempre requiere cierta disciplina y compromiso, pero sí puedo revelarte algunas de las cosas que han impulsado mi vida de oración, y me han ayudado a ser más constante y a tener más entusiasmo por orar.

Estos capítulos contienen algunas de las ideas y disciplinas que he aprendido a lo largo de mi torpe camino para convertirme en una persona que ore mejor. Son el resultado de estudiar lo que la Biblia tiene que enseñarnos sobre la oración, de leer muchos libros clásicos y contemporáneos sobre el tema, y quizá más que nada, de lo que he aprendido de mi propia experiencia con la oración.

A fin de cuentas, la oración no es algo que se pueda aprender en un libro. Sin embargo, antes de que decidas devolver este libro a la tienda para obtener un reembolso, déjame que te lo explique...

Los conocimientos que puedes obtener leyendo sobre la oración no son inútiles, pero no te llevarán muy lejos hasta cierto punto. Un libro sobre la oración puede enseñarte algunos de los principios y la teología que sustentan la oración. Puede mostrarte algunos de los métodos y prácticas que han ayudado a las personas a aprender a orar con regularidad y con poder. Sin embargo, al final, se aprende mejor con la práctica. No puedes leer un libro de consejos de golf y concluir que podrás jugar de inmediato como un profesional, o leer un libro de cocina y automáticamente ser capaz de preparar una comida como Julia Child. El conocimiento es bueno e importante, pero por sí solo no es suficiente. Algunas cosas hay que aprenderlas con la práctica.

Así que lo que te pido que hagas al leer este pequeño libro es que no solo tengas en cuenta las ideas y prácticas que voy a mostrarte, sino que las lleves a cabo. Recuerdo algunas de las dificultades que tuve con mis libros de texto de ciencias en la escuela. Leía sus páginas con diligencia en busca de una comprensión de los fundamentos de la física o la química o, más bien, de los conocimientos suficientes para aprobar el próximo examen. Sin embargo, con demasiada frecuencia, después de terminar los capítulos asignados, todavía me quedaba rascándome la cabeza, sin estar muy seguro de haber entendido bien lo que quería decir. Por fortuna, estas lecturas solían ir seguidas de un tiempo de laboratorio, donde realizábamos experimentos basados en lo que habíamos leído. Por lo general, era durante estos experimentos prácticos cuando tenía mis momentos de revelación. Cuando realizaba los experimentos, los principios enseñados en los libros de texto cobraban vida.

El aprendizaje de la oración es muy parecido a eso. Si este pequeño libro consigue energizar tu vida de oración, será porque habrás dedicado al menos el doble del tiempo que dedicaba a leer sobre la oración al orar de verdad.

1
LA ORACIÓN Y LA RELACIÓN CON DIOS

Cuando era niño, todas las noches me arrodillaba junto a mi cama, juntaba las manos y «decía mis oraciones». No sé si alguna vez esperé que me respondieran de manera muy específica, pero entendía que era parte de mi deber. Era cristiano, y orar era algo que hacían los cristianos. En esa época, Dios me parecía bastante distante, pero quería tenerlo contento realizando el ritual nocturno de recitar «Ahora me acuesto a dormir», y luego, cuando crecí, el Padrenuestro.

Durante mis primeros años de instituto, empecé a leer la Biblia por mi cuenta, y a escuchar las historias y los testimonios de quienes parecían conocer a Dios de manera más íntima que yo. Comencé a entender que Dios no era una deidad lejana e inaccesible, sino Alguien que se preocupaba por mí, por las luchas de mi vida, mis esperanzas y mis sueños. Aprendí que Dios no solo era poderoso, sino también personal. No se trataba de un poder abstracto que debía aplacar con pequeños rituales, como «decir mis oraciones», sino de Alguien que me amaba y en quien podía apoyarme. Esta toma de conciencia empezó a cambiar mi forma de concebir la oración. La oración ya no era un ritual que se debía realizar; era una verdadera comunicación. Podía hablar con Dios y Él me escuchaba. Y a menudo, en lo más profundo de mi corazón, podía sentir el susurro de una respuesta.

Comprender que Dios quiere estar en comunión con nosotros y comunicarse con nosotros, estar presente en nuestras vidas (estar con nosotros, si se quiere) y mantener una conversación continua, es el fundamento sobre el que se basa la oración.

Algunas personas tratan la oración como una formalidad, y aunque Dios escucha esas oraciones, es poco probable que conduzcan a una intimidad más profunda con Él. Otras ven la oración más como una fórmula mágica que pueden utilizar para resolver todos sus problemas, una receta secreta para obtener la ayuda de Dios y satisfacer sus necesidades y deseos. Invocan a Dios como si fuera su siervo y pudieran, si usan las palabras adecuadas, lograr que Él cumpla sus órdenes. Es como si Él fuera una máquina expendedora lista para dispensar lo que deseen. Sin duda, la oración no está diseñada para eso.

Algunos libros sobre la oración nos llevarían a creer que se trata de decir las palabras adecuadas, como si Dios actuara en nuestro favor solo cuando ingresamos la contraseña correcta. Como solía decir Groucho Marx en su programa de juegos: «Di la palabra mágica, el pato baja y ganas cien dólares».

La oración tampoco es una varita mágica que podamos agitar sobre cada situación y esperar los resultados deseados. Por el contrario, la oración tiene que ver con la relación con Dios. Es la respuesta natural que surge de experimentar intimidad con Él.

La oración es el corazón palpitante de la vida espiritual. Es imposible imaginar el crecimiento espiritual sin la práctica de la oración. La oración es lo que transforma la religión en relación. Con la oración, nuestra fe ya no consiste en pensamientos elevados, filosofías y doctrinas *sobre* Dios, sino que se convierte en la base de una amistad *con* Dios. En la oración experimentamos la profundidad de esa amistad, ya sea pasando momentos tranquilos con Él, o abriendo nuestro corazón y comunicándole las cosas más profundas que pensamos y sentimos.

El objetivo de nuestra comunión con Dios en la oración es tomar conciencia de su presencia, una presencia que siempre está con nosotros. Significa estar en compañía de Él, momento a momento, a medida que transcurren nuestros días, practicando la conciencia de su realidad en nuestras vidas. Como exploraremos en un capítulo posterior, es el arte de «practicar la presencia de Dios».

Nuestra comunicación con Dios debería parecerse más a una conversación con un amigo querido que a un ritual o al cumplimiento de un deber. La oración no es un monólogo filosófico ni una especie de diálogo interno en el que solucionamos nuestros problemas. Tampoco es un ejercicio religioso que realizamos para ganar puntos o el favor de Dios. No se trata de una especie de dirigirnos a un Ser Creador inescrutable e impersonal, sino de comunicarnos con un Padre celestial que nos ama. Por eso, la oración modelo que Jesús les dio a sus discípulos, cuando le preguntaron cómo orar, comienza así: «Padre nuestro».

Entramos en esta relación íntima con Dios al aceptar lo que Jesús ha hecho por nosotros. A través de nuestra relación con Él podemos acercarnos al Padre celestial. En Jesucristo «podemos entrar en la presencia de Dios con toda libertad y confianza» (Efesios 3:12, NTV). El mensaje del evangelio cristiano es que Dios se acercó al género humano en la persona de Jesucristo, quien vino a vivir y morir como uno de nosotros, a fin de experimentar la plenitud de nuestras experiencias humanas y a proporcionar un nuevo destino para la humanidad. En las Escrituras del Antiguo Testamento, un sacerdote representaba al pueblo ante Dios. Ahora, en cambio, Jesús se ha convertido en nuestro representante, un Sumo Sacerdote cuyas acciones hacen posible que tengamos acceso directo a Dios. Como nos recuerda Hebreos 4:14-16:

> Ya que en Jesús, el Hijo de Dios, tenemos un gran sumo sacerdote que ha atravesado los cielos, aferrémonos a la fe que profesamos. Porque no tenemos un sumo sacerdote incapaz de compadecerse de nuestras debilidades, sino uno que ha sido tentado en todo de la misma manera que nosotros, aunque sin pecado. Así que acerquémonos confiadamente al trono de la gracia para recibir la misericordia y encontrar la gracia que nos ayuden oportunamente.

Sin embargo, nuestra ayuda no termina ahí. Dios nos ha dado su Espíritu Santo, que mora en nosotros, de modo que nos guíe y conduzca hacia la vida que Dios tiene para nosotros. Una de las formas más poderosas en la que Él nos ayuda es a través de la oración. Cuando nos preguntamos sobre qué debemos orar, se nos promete la ayuda del Espíritu Santo:

> El Espíritu Santo nos ayuda en nuestra debilidad. Por ejemplo, nosotros no sabemos qué quiere Dios que le pidamos en oración, pero el Espíritu Santo ora por nosotros con gemidos que no pueden expresarse con palabras (Romanos 8:26, NTV).

Nuestra intimidad con Dios es de naturaleza trinitaria: el Padre que nos ama, el Hijo que intercede por nosotros y el Espíritu Santo que nos guía y conduce. Todo esto se basa en la intimidad de nuestra relación con Dios. Él se ha acercado a nosotros y sigue estando cerca de nosotros, tan cerca como el aliento que inhalamos para formar una oración en nuestros labios.

En nuestras oraciones le exponemos nuestro verdadero ser a Dios. La vulnerabilidad es algo difícil para la mayoría de nosotros, pero es seguro ser vulnerable con Él. Podemos expresarle todo lo que hay en nuestro corazón: miedos, preocupaciones, culpas, aspiraciones, deseos y necesidades. Y Dios nos concede la dignidad de escuchar todo lo que decimos, sin importar cuán tonto, egocéntrico o autocomplaciente que sea. Él nos escucha y se preocupa por nosotros. Y no solo nos escucha, sino que también nos habla. En la quietud de nuestro corazón, Él nos habla palabras de esperanza, paz y consuelo para que sigamos adelante, o palabras de desafío y corrección, con el objetivo de ponernos en un camino mejor.

El propósito de la comunicación que experimentamos en la oración es como el de cualquier otra relación: no extraer algo de la otra persona, sino conocerla y permitir que nos conozca a nosotros. No podemos llamar amigo a alguien hasta que no estamos dispuestos a ser vulnerables y a revelarle nuestro yo más profundo y verdadero, con todos sus defectos y debilidades. Del mismo modo, la verdadera oración es el gran acto de la vulnerabilidad. Si la oración es solo una formalidad religiosa, contribuirá poco a nuestro crecimiento espiritual. En cambio, si se trata de la forma en que conocemos y somos conocidos, es la clave de la vida espiritual y encierra la promesa de transformar nuestras vidas.

2
LA BÚSQUEDA DE LA FORTALEZA Y DEL AMOR DE DIOS

La oración nos recuerda que no estamos solos. La vida puede ser a menudo difícil y desafiante, y podemos sentirnos desesperanzados. Podemos sentirnos confusos, preocupados o al límite de nuestras fuerzas. Podemos sentir que nadie entiende nuestras luchas, nuestras preguntas, nuestras confusiones o nuestro dolor. A veces nuestros problemas parecen tan complicados o embarazosos que simplemente no sabemos con quién podemos hablar. En esos momentos nos sentimos solos por completo, como si camináramos por este valle sombrío como extraños para el resto de la humanidad. Y esta sensación de soledad no hace sino multiplicar las dificultades.

Sin embargo, la invitación a orar nos recuerda que no tenemos por qué atravesar solos nuestras dificultades.

Cuando llegamos al límite de nuestras fuerzas, nos hemos esforzado al máximo, e incluso hemos sentido la tentación de rendirnos sin más, se nos recuerda que no estamos solos, ni abandonados a nuestros propios recursos. Dios se preocupa por nosotros, y se reunirá con nosotros en oración. Él nos comprende. Él nos escucha. Su fortaleza está presente cuando no nos sentimos fuertes, cuando no sentimos que podemos seguir adelante.

Nuestras oraciones son como bengalas de rescate, disparadas en la nada negra de nuestro miedo y dolor, que acercan a Aquel que puede guiarnos a través de la oscuridad, la desesperanza y el miedo. Por supuesto, Él está ahí incluso antes de que oremos, pues *siempre* está con nosotros. No obstante, cuando abrimos nuestro corazón y nuestra boca para orar, recordamos esa Presencia.

El Señor promete: «Nunca los dejaré; jamás los abandonaré» (Hebreos 13:5).

La oración es como la llamada telefónica a medianoche que le hacemos a un amigo de confianza, donde incluso el sonido de la voz de esa persona es suficiente para empezar a calmarnos, para darnos perspectiva, para proporcionarnos esperanza. Entonces, el amigo al que llamamos en oración es el Amigo que nos conoce más íntimamente de lo que cualquier amigo humano podría conocernos, el Amigo que tiene recursos de fortaleza que ningún amigo humano podría tener, y el Amigo que nos ama de manera más profunda y completa de lo que podríamos ser amados por cualquier persona humana.

En la oración encontramos la terapia, la sanidad y la relación que surgen cuando nos escuchan.

Entonces la esperanza y la fe pueden renacer en nuestros corazones. La invitación a orar es una invitación a derramar sobre Él todo el dolor de nuestras vidas. La promesa de la oración es que Él escucha esos clamores.

La oración también nos recuerda que no estamos limitados por nuestros propios recursos. Si así fuera, a menudo nos sentiríamos desesperanzados. Sin embargo, he aprendido una y otra vez que, aunque mis recursos son limitados, los recursos de Él no tienen límites.

Como escribe el salmista: «Dios es nuestro refugio y nuestra fortaleza, nuestra segura ayuda en momentos de angustia» (Salmo 46:1).

En los momentos complejos de mi vida, cuando la vida me ha resultado abrumadora y difícil, he aprendido que es fácil hablar con Dios. Él se preocupa por mí: por mis luchas, mis dudas, mis preocupaciones, mi sensación de fracaso, mis esperanzas, sueños y deseos. La asombrosa realidad de la oración es que el Dios que creó todo el universo es Alguien que quiere relacionarse conmigo, caminar conmigo a través de la alegría y la confusión de mis días, consolarme en las horas oscuras, desafiarme cuando tomo las decisiones equivocadas y fortalecerme para tomar mejores decisiones.

Nuestras oraciones son una petición de la intervención de Dios en nuestras vidas. Orar es el acto de invitarlo a las situaciones que afrontamos y a las necesidades que tenemos.

Oramos porque no estamos solos.

3
NO TE PREOCUPES POR TUS SENTIMIENTOS, SOLO ORA

Cuando empecé a escribir libros, me hacía ilusiones sobre lo que era escribir. Pensaba que escribir era una especie de proceso mágico en el que el autor experimenta ráfagas de inspiración creativa y las palabras brotan a borbotones sobre la página. Suponía, por tanto, que el mejor momento para escribir era cuando me sentía inspirado. Pensaba que, si esperaba, la musa creativa se apoderaría de mí y podría escribir frases geniales, frases llenas de ideas interesantes, expresadas con un estilo pulido. A veces me sentaba delante de la computadora y me quedaba mirando la pantalla, esperando a que sucediera. Cuando no sucedía, aplazaba la escritura o jugaba una o dos partidas de solitario mientras esperaba a sentirme lo bastante inspirado para empezar. El resultado era que no escribía mucho, pero me volví muy bueno al solitario.

De vez en cuando me sentía tremendamente inspirado y mis dedos corrían por el teclado, tratando de seguir el ritmo de mis ideas. El problema era que, cuando volvía a leer ese texto «inspirado» un par de días después, a menudo descubría que no era bueno en particular. A veces hasta terminaba en la papelera.

He aprendido que mis mejores escritos tienen más que ver con la disciplina y el trabajo duro que con la espera de la inspiración. Algunas de mis mejores obras las escribo cuando no me siento inspirado en especial. He descubierto que la *sensación* de estar inspirado está muy sobrevalorada. Lo más importante es tener la suficiente disciplina para plantarme en la silla frente a la computadora y ponerme a trabajar. Por lo general, la sensación de estar inspirado llega *después* de haber empezado a trabajar duro en el proyecto que estoy desarrollando.

Lo mismo sucede con la oración. Si espero hasta tener deseos de orar, descubro que no oro mucho. En cambio, si hago de la oración un hábito, a menudo me sorprenden las maravillosas experiencias que tengo al hablar con Dios, incluso cuando no tenía deseos de orar en realidad.

A veces podemos sentirnos tentados a esperar hasta sentirnos espiritualmente centrados y en paz antes de estar listos para orar. Olvidamos que cuando estamos desequilibrados, confundidos, frustrados, enojados, decepcionados o tentados es cuando más necesitamos buscar la presencia de Dios. Nuestras emociones son muy cambiantes y poco fiables. A veces puedo estar teniendo un día perfectamente maravilloso cuando la cosa más pequeña y tonta puede hacerme caer en una espiral emocional.

Todo lo que puede hacer falta es un comentario poco amable o desconsiderado, un inconveniente inesperado o un pequeño accidente, como una taza de café derramada sobre mi escritorio, para que ya no me sienta tan feliz como antes. O puede que no haya dormido lo suficiente o no haya hecho suficiente ejercicio, y entonces me sienta aletargado y deprimido. A veces no tengo deseos de orar... ni de hacer nada espiritual.

Tal vez nuestro problema sea la creencia de que Dios quiere que controlemos todas nuestras malas actitudes y emociones negativas antes de orar. Que Él quiere que pongamos en orden nuestra amabilidad antes de hacer algo espiritual como orar. De lo contrario, estamos siendo hipócritas, ¿no es así?

Bueno, creo que este tipo de pensamiento proviene de una perspectiva equivocada de la oración. Si la oración es una conversación íntima y sincera, significa que podemos llevar toda nuestra basura con nosotros a esa conversación. Un verdadero amigo es alguien que ve lo peor de ti, y aun así te ama y quiere hablar contigo. Nuestro Amigo más verdadero es el Dios que nos ama y quiere que vayamos tal como somos a la oración. No busca que tengamos sentimientos hermosos, santos y piadosos antes de orar. Busca sinceridad, autenticidad y humildad. Nos invita a venir tal como somos. Tal vez solo podamos hacer una oración débil y desanimada. Pues bien, eso es mejor que no orar. Incluso la oración más débil y endeble nos acercará más a Dios que las reflexiones más exaltadas sobre teología.

Si esperamos hasta que tengamos deseos de orar, nuestra oración será tan esporádica y poco fiable como nuestros estados emocionales. Por eso es importante desarrollar el hábito de orar. Quizá puedas comenzar por pensar en algunos momentos obvios durante el día en los que podrías empezar a orar con regularidad.

Un buen comienzo podría ser a primera hora de la mañana, antes de levantarte de la cama. Cuando suena el despertador, trato, sin importar lo cansado que esté, de hacer una oración rápida en estos términos: «Señor, antes de que mis pies toquen el suelo esta mañana, quiero ofrecerte mi día. Úsame como quieras este día para ser una bendición para los demás. Úsame como un recipiente a través del cual pueda fluir tu amor. Ayúdame a mantener mi corazón puesto en tus caminos, y que mis prioridades de hoy sean tus prioridades. Guíame y dirígeme en este día. Amén».

O por la noche, mientras te acuestas a dormir, puedes reflexionar sobre tu día. En lugar de sentirte abrumado por tus preocupaciones, puedes ofrecérselas a Dios, y pedirle ayuda y sabiduría para hacer lo que sea necesario. Puedes pedir perdón por los momentos del día en que fuiste desconsiderado, grosero, poco amable y egoísta tal vez haciendo una nota mental para corregir algunas cosas durante el día siguiente. Puedes pedir un sueño reparador y experimentar la paz que sobrepasa todo entendimiento.

Lo más probable es que cada persona encuentre el momento que mejor le convenga. Lo importante es adquirir el hábito de hacerlo. Piensa en tu agenda diaria y determina cuáles podrían ser los mejores momentos para hablar de manera regular con Dios. Luego, empieza a establecer el hábito. Una vez que establezcas el hábito de buscarlo a Él cada día, no te importará tanto si te apetece orar. Lo harás de todos modos. Y no importa lo poco inspirados o espirituales que nos sintamos, Él se encuentra con nosotros en la oración. Alguien dijo una vez que el secreto de escribir es presentarse. Tal vez ese sea también el secreto para orar.

4
ORA CON SINCERIDAD

Si eres como yo, a veces te puedes sentir incómodo o avergonzado al hablar con Dios, pues sabes que tu vida no es lo que debería ser. Ninguno de nosotros se siente lo bastante apto ni puro en lo moral como para estar en la presencia de Dios. Nos sentimos fracasados, hipócritas. Y si somos sinceros con nosotros mismos, es probable que seamos todas esas cosas. Sin embargo, eso no tiene por qué, ni debe, impedirnos orar.

«Deja de intentar parecer un santo», le dijo una vez el director espiritual de Brennan Manning.

«Será mucho mejor para todos». Este es un gran recordatorio para mí cuando empiezo a pensar que mis oraciones son valiosas para Dios solo después que tengo todo bajo control. Necesito que me recuerden que ser un seguidor de Jesús no es una cuestión de pulirme para estar más presentable ante Dios; es una cuestión de ser sincero sobre lo mucho que me falta para ser la persona que sé que debería ser y tender la mano para aceptar la gracia gratuita, asombrosa e intensa de Dios.

Podemos venir tal como somos. Su deseo para nosotros no se basa en nuestro desempeño. Si comprendemos esta verdad, si la creemos en realidad, cambiará la forma en que pensamos sobre la oración.

Todavía conservo un pequeño dibujo que me hizo una de mis hijas cuando era pequeña. Había tirado su caja de lápices de colores al suelo y elegido con sumo cuidado los colores que quería utilizar para dibujar una imagen que describió como «un hombre, una casa y un perrito». Me alegré por la descripción, ya que el dibujo se componía sobre todo de grandes círculos en espiral, sombreado constante a rayas y garabatos de varios colores. El dibujo no habría ganado ningún premio por su creatividad artística ni lo habrían elegido para colgarlo en ningún museo o galería. Sin embargo, me encantó. Era precioso para mí, pues se creó *para* mí: un regalo del corazón de mi dulce hija.

Estoy convencido de que Dios siente lo mismo por nuestras oraciones vacilantes, torpes e imperfectas. A los ojos de Dios, cualquier oración que sea sincera y auténtica es preciosa para Él. Esto me da la libertad de expresar todo lo que llevo dentro. Puesto que sé que Él me ama... y ama incluso mis garabatos de pasión en círculos hechos con lápices de colores. Me alegra no tener que colorear siempre dentro de las líneas, pues mi mano y mi corazón rara vez son tan firmes.

A veces, mis oraciones están cuidadosamente pensadas, cada palabra elegida con esmero. De vez en cuando, me siento y escribo mis oraciones, tratando de expresar con la mayor claridad posible lo más profundo de mi corazón. Trabajo y reviso cada frase, creándola como un poema, intentando captar el ritmo de los gritos de mi alma en la danza de las palabras, tratando, siempre de manera imperfecta, que declaren con exactitud lo que quiero decir, que capten con precisión lo que quiero expresarle a Dios. Esto tiene una manera asombrosa de centrar mi mente en lo que más importa. Y el proceso de volcar mi corazón en el papel se convierte en una oración en sí mismo.

La mayoría de las veces, sin embargo, mis oraciones son menos elocuentes. Surgen de las dificultades y luchas de mi vida; son sobre todo gritos y gemidos llenos de mi dolor y pasión. No son limpias ni ordenadas. No son religiosas en especial. Son grafitis garabateados en las paredes del cielo.

He aprendido que la ira, la depresión, la frustración y la confusión pueden dar lugar a oraciones que son tan reales y preciosas para Dios como cualquiera de mis más devotas expresiones. Los salmos están llenos de momentos en los que David se presenta ante Dios agitando un dedo acusador ante injusticias percibidas o pronunciando palabras que apenas ocultan su sentimiento de abandono. Si hubiera alguien que pudiera sentirse legítimamente avergonzado de ser sincero con Dios, ese sería David. Después de todo, era un adúltero y un asesino, un hombre de pasión desenfrenada y orgullo desmedido. Le había fallado a Dios una y otra vez. Si David, con toda su accidentada historia, podía hablar con tanta libertad ante Dios, ¿por qué no tú y yo?

Al igual que David, no tengo que ocultarle a Dios todos los pensamientos y sentimientos que no son muy agradables. Él es perfectamente consciente de lo que pienso y siento. ¿Por qué tendría que tratar de encubrir mis emociones con términos piadosos? Al expresarme con libertad y sinceridad, suelo llegar a comprender con mayor claridad la verdadera naturaleza de lo que sucede en mi corazón y en mi alma. Hace poco, frustrado por lo que parecía el silencio de Dios ante el gran dolor que sentía en mi vida, me encontré pronunciando estas palabras con los dientes apretados: «Dios, si quieres que tú y yo tengamos una buena relación, tendrás que cumplir con tu parte del trato». Creo que no conseguí escandalizarle con este pequeño arrebato. Y una vez que lo dije en voz alta, me ayudó a empezar a descubrir algunas de las formas en las que intentaba manipularlo, a fin de que cambiara mis circunstancias desagradables.

El Antiguo Testamento está lleno de ejemplos de hombres y mujeres que negociaron con Dios. Pienso en Abraham, regateando con toda la habilidad de un vendedor de autos usados con el objetivo de convencer a Dios de que no destruyera Sodoma. O en Jacob, luchando con Dios y sin estar dispuesto a rendirse hasta obtener una bendición. La vida de oración de estos patriarcas recuerda más a las negociaciones de un vendedor ambulante del Oriente Medio que a la de un clérigo educado y refinado. Me dan la esperanza de que puedo pedir con perseverancia, e incluso pedir lo que no debo, sabiendo que Dios desea escuchar mis peticiones. Una de las enseñanzas más claras de Jesús sobre la oración es que debemos atrevernos a pedir. Eso no significa que siempre obtendremos lo que queremos, pero sí que la puerta está siempre abierta para que pasen nuestras súplicas más sinceras.

Me pregunto si parte de nuestro problema es que hemos convertido la oración en algo no natural, algo que no encaja en nuestras vidas. Nos cargamos de culpa por un problema que no sabemos cómo solucionar, cuando la respuesta puede estar en cambiar nuestras percepciones. Tal vez si entendiéramos la oración como algo más natural, menos como un ritual religioso y más como una conversación real, sería más fácil orar. La oración no se trata de pensamientos y palabras piadosas; no se trata de posturas, técnicas o métodos. Es menos una cuestión de calidad o cantidad que de pasión.

5

LA ORACIÓN QUE SE ESCUCHA

Un error común que cometemos con respecto a la oración es pensar que se trata sobre todo de un monólogo. Tendemos a considerar solo nuestra parte de la conversación. Hablamos con Dios, diciéndole nuestras necesidades y deseos. Luego, cerramos con nuestro amén y seguimos nuestro camino, pensando que una vez que le comunicamos lo que necesitamos, terminaron nuestras oraciones.

Eso estaría bien si orar fuera como meter un mensaje en una botella y arrojarlo al mar de la eternidad, donde esperamos que llegue a su destino, aunque nunca lo sepamos con seguridad. En cambio, la oración se parece más a una llamada telefónica o a un poderoso intercambio de correos electrónicos. Hay dos partes implicadas. No hay verdadera conversación cuando solo habla una parte. Se necesitan dos personas para tener una conversación, y si la oración es una conversación, deberíamos aprender a escuchar tanto como a hablar. No debemos contentarnos con llenar el aire con nuestras palabras. También deberíamos afinar nuestros oídos para escuchar, pues Dios quiere hablarnos.

Con demasiada frecuencia he pasado mi tiempo en oración derramando mi corazón ante Dios, hablándole de mis necesidades y deseos, mis heridas y dudas, mi confusión y dolor. He confesado mis pecados y le he agradecido su gracia para conmigo. Luego me he levantado de mis rodillas y me he dedicado a mis asuntos.

¿Cómo crees que se sentiría tu cónyuge o un buen amigo si te les acercaras, les dieras un informe completo sobre el estado de tu vida, les dijeras lo que necesitas de ellos, les estrecharas la mano y después te marcharas de inmediato?

¿No es esa la forma en que nos acercamos a Dios a menudo?

Debido a que Dios anhela tener una relación con nosotros, la oración no es un ejercicio formal, sino una experiencia de comunicación real. Él no solo es el Dios que escucha y oye, sino también el Dios que habla. Si nos tomamos el tiempo para escuchar con atención, percibiremos la dirección, el ánimo, la reprensión, la guía o lo que sea que Él anhela decirnos.

Por supuesto, no escuchamos una voz audible. En su lugar, escuchamos una voz que surge de las profundidades silenciosas del corazón. No hay nada raro, aterrador ni extrañamente místico en aprender a escuchar a Dios. No se trata de «escuchar voces», sino de sintonizarnos con sus silenciosos impulsos interiores. Se trata de la convicción que surge cuando acallamos todos nuestros inquietos pensamientos y preocupaciones, dejamos de prestarles atención a las muchas distracciones y solo escuchamos lo que Dios nos comunica en lo más profundo de nuestras almas.

Tal vez la lección más importante y difícil que debemos aprender en la escuela de la oración sea la de cómo acallarnos a nosotros mismos para poder escuchar su voz en el tumulto de nuestras vidas. Nuestras circunstancias, nuestros deseos egoístas, nuestras fantasías y sueños, los consejos confusos de los demás... todo esto puede a veces ahogar el «susurro de una brisa apacible» con el que nos habla Dios. Por lo general, es más probable que Dios se comunique con nosotros con un suave murmullo interior que con una voz atronadora.

¿Recuerdas la historia del Antiguo Testamento acerca de Elías, que estaba frustrado y confundido por los pecados de su pueblo y la aparente inacción de Dios? Había tratado de hablar la palabra de Dios, pero el pueblo no solo no lo escuchaba, sino que hasta trató de matarlo. Dios le dijo a Elías que se presentara en la montaña, pues el Señor estaba «a punto de pasar por allí». Primero, a Elías lo recibió un viento tan fuerte que arrancó rocas de la montaña, pero «el Señor no estaba en el viento». Luego, la tierra empezó a temblar tan poderosamente que apenas podía mantenerse de pie, pero una vez más, «el Señor tampoco estaba en el terremoto». Luego un fuego se propagaba ante sus ojos, pero «el SEÑOR tampoco estaba en el fuego». Al final, después de todas estas manifestaciones poderosas e impresionantes (del tipo que asociaríamos con un suceso sobrenatural) hubo «un suave murmullo». Cuando lo escuchó, Elías reconoció que así era como Dios vino para revelársele: un silbo apacible y delicado (1 Reyes 19:9-13). Si Elías no se hubiera callado, nunca habría escuchado hablar a Dios.

Tal vez por eso el salmista reconoció la necesidad del silencio. En el Salmo 62:5 (LBLA) se dice a sí mismo: «Alma mía, espera en silencio solamente en Dios». En el Salmo 46:10 encontramos el conocido mandato: «Quédense quietos, reconozcan que yo soy Dios». Esperar en Dios es una de las claves más importantes para transformar la oración. François Fénelon nos recuerda que Dios siempre le habla al corazón que se aquieta lo suficiente para escuchar. «Dios no cesa de hablarnos, pero el ruido del mundo exterior y el tumulto de nuestras pasiones interiores nos desconciertan y nos impiden escucharle». Por eso, necesitamos practicar el silencio como parte de nuestra oración.

El silencio no siempre nos resulta cómodo. Cuando nos callamos a nosotros mismos y a todo lo que nos rodea, nuestro caos interior suele abrirse y reconocemos la agitación que llevamos dentro. Esto nos resulta tan perturbador que queremos huir de él ocupándonos de otra cosa o llenando nuestro tiempo de oración con nuestras propias palabras y peticiones. En cambio, el silencio es una preparación importante para la oración, una forma de prepararnos para orar de una manera significativa y escuchar la voz divina.

Los amigos con los que me encuentro más a gusto son esos con los que a veces no me siento incómodo solo sentándonos juntos en silencio. No siento la necesidad habitual de llenar los espacios vacíos con charlas sin sentido. Lo mismo ocurre con Dios. A veces, las oraciones más poderosas son las que nacen en el silencio, anticipando en silencio con tranquilidad que Dios podría querer hablarme con ese silbo apacible y delicado.

Si tuviéramos que pasar tiempo con alguien más sabio que nosotros, ¿no sería una buena idea dejarle que hable la mayor parte del tiempo? Y Dios es mucho más sabio que incluso el más sabio de nosotros. Tenemos que aprender a guardar silencio para escucharlo cuando habla. La madre Teresa dijo: «Es en el silencio del corazón donde Dios habla. Dios es amigo del silencio; tenemos que escuchar a Dios porque lo que importa no es lo que nosotros decimos, sino lo que Él nos dice a nosotros y a través de nosotros».

Por eso es importante que aprendamos a escuchar como parte de nuestra oración. A menudo, escuchar cambiará la naturaleza de nuestra petición, transformando lo que pedimos y moldeándolo con más certeza a la voluntad de Dios para nuestras vidas. Necesitaremos la ayuda de Dios para que nos enseñe a escuchar, ya que va en contra de muchas de nuestras tendencias naturales, pero es una habilidad que estoy convencido de que Él quiere que aprendamos. Como nos recuerda Jesús en Juan 10:3-4, las ovejas reconocen la voz de su Pastor.

6
PRACTICA LA PRESENCIA DE DIOS

Un momento decisivo en mi vida de oración se produjo cuando descubrí un pequeño libro titulado *La práctica de la presencia de Dios*. No contenía muchas páginas, pero cada una me hablaba de una manera diferente de concebir mi vida de oración. El libro me abrió los ojos a una forma sencilla, pero poderosa de oración: la *oración de presencia*, que casi nunca requiere palabras. Solo consiste en ponernos en la presencia de Dios y disfrutar de la comunión de una estrecha intimidad con Él.

El Hermano Lorenzo, autor de ese libro, fue un monje del siglo XVII. No era un líder espiritual muy conocido en su época. Es más, su trabajo en la cocina del monasterio pasaba inadvertido. Sin embargo, era un hombre que deseaba de manera ferviente una relación más profunda con Dios, una relación que fuera más allá de los actos devocionales que se le exigían como monje. No se conformaba con el éxtasis religioso ocasional que le proporcionaba el cumplimiento de sus deberes religiosos obligatorios; quería experimentar una intimidad más profunda con Dios. Quería aprender a vivir con regularidad en la presencia de Dios. Con el tiempo, sus ojos se abrieron a la realidad de que siempre estamos en la presencia de Dios, incluso cuando no somos conscientes de ello. La conclusión a la que llegó, sin embargo, fue que su conocimiento y conciencia de la presencia de Dios era algo que podía cambiar su vida. Así que, en medio del desorden y el estrépito de la cocina, mientras cocinaba y limpiaba, aprendió a experimentar la realidad de la presencia de Dios. De esa experiencia escribe (hablando de sí mismo en tercera persona):

> Por la fuerza de la costumbre y por llamar con frecuencia su mente a la presencia de Dios, ha desarrollado tal hábito que tan pronto como está libre de sus asuntos externos, e incluso a menudo mientras está inmerso en ellos, el mismo corazón de su alma, sin ningún esfuerzo por su parte, se eleva por encima de todas las cosas y queda suspendido y retenido allí en Dios.

El Hermano Lorenzo se refería a menudo a lo que llamaba «la mirada interior», una vuelta consciente de nuestro corazón y nuestra mente hacia Dios a lo largo del día. «Deberíamos hacer de nuestro corazón una capilla privada donde retirarnos de vez en cuando para estar en contacto con Él, de manera pacífica, humilde y amorosa». Tal vez sea de algo así que hablaba el apóstol Pablo cuando animaba a los creyentes a que «oren sin cesar» (1 Tesalonicenses 5:17).

El salmista escribió sobre el reconocimiento de la presencia de Dios en su vida:

> ¿Adónde me iré de tu Espíritu,
> o adónde huiré de tu presencia?
> Si subo a los cielos, he aquí, allí estás tú;
> si en el Seol preparo mi lecho, allí estás tú.
> Si tomo las alas del alba,
> y si habito en lo más remoto del mar,
> aun allí me guiará tu mano,
> y me asirá tu diestra.
> (Salmo 139:7-10, LBLA)

Dios está siempre con nosotros. La cuestión que debemos plantearnos es si somos conscientes de esta verdad. Podemos alcanzar este sentido de la presencia de Dios haciendo una elección consciente de estar pendientes de Él a lo largo del día. Podemos orar mientras realizamos nuestras diversas actividades, dejando que la oración sazone todo lo que hacemos. Si la practicamos con regularidad, la oración de presencia se vuelve tan natural e integral para nosotros como respirar. También desvía la atención de lo que queremos conseguir con la oración y la convierte en un medio para construir nuestra relación con Dios.

Practicar la presencia de Dios transforma la vida. El Hermano Lorenzo escribe sobre la alegría de esta transformación

> Para mí, el tiempo de trabajo no difiere del tiempo de oración, y en medio del ruido y el alboroto de mi cocina, con varias personas pidiéndome al mismo tiempo cosas diferentes, tengo una gran tranquilidad en Dios, como si estuviera sobre mis rodillas ante su bendita presencia.

Así que, ya sea que esté trabajando en mi escritorio, jugando una ronda de golf, sentado en la sala de espera del consultorio de mi médico, dando un paseo o fregando los platos (como Lorenzo), he aprendido a recordarme con frecuencia que estoy en la presencia misma de Dios, y elevo mi corazón sin palabras hacia Él en oraciones de amor y agradecimiento. Practicar su presencia cambia mi forma de vivir, cambia mi forma de relacionarme con los demás y continúa su obra de transformar mi alma.

Para aprender más sobre esta práctica, te recomiendo que busques un ejemplar del maravilloso librito del Hermano Lorenzo y dejes que este humilde monje sea tu maestro en la escuela de la oración. Aunque solo sea eso, tal vez te ayude a no tenerle miedo a lavar los platos.

7

LA ORACIÓN Y LA CONTEMPLACIÓN

En capítulos anteriores, hablamos de la oración que se escucha y de la práctica de la presencia de Dios. Ambos aspectos se unen en la oración *contemplativa*. La oración contemplativa une la intimidad con Dios que podemos experimentar en la oración con un profundo sentido de reverencia hacia Dios. Como sugiere James Houston, la oración contemplativa es una de las principales formas en que la intimidad con Dios se vuelve real y personal para nosotros: «La oración contemplativa es para quienes están descontentos con las descripciones de segunda mano de Dios y que quieren experimentar la presencia íntima de Dios por sí mismos».

Algunas personas se sienten incómodas cuando escuchan la frase *oración contemplativa*. Temen que esté relacionada de algún modo con el misticismo oriental o las prácticas de la Nueva Era. Sin duda, algunos han sugerido métodos de oración que parecen poco sólidos y contrarios a la imagen bíblica de la relación con Dios. Sin embargo, los cristianos han practicado la oración contemplativa a lo largo de los siglos, tanto protestantes como católicos y ortodoxos. No se trata de «volverse uno con el universo», cantar un mantra, alcanzar un estado alterado de conciencia ni de tratar de extinguir el yo y alcanzar el nirvana. En la oración contemplativa no estamos tratando de alcanzar un estado especial de conciencia; estamos tratando de llegar al corazón de Dios. La oración contemplativa tiene que ver con la relación con Dios, con experimentar la comunión íntima con Aquel que nos ama. Se trata de ponernos en un lugar donde podamos escuchar y obedecer mejor... y ser transformados por nuestro encuentro con Él.

La oración contemplativa comienza con lo que algunos han llamado «centrarse». El propósito de centrarse es apartar nuestra atención de todas las preocupaciones y distracciones de tu vida y ponerla en el Señor. Se trata de centrarse en el momento y estar presente donde estás en realidad. Para empezar, es posible que debas liberar de manera consciente la tensión de tu cuerpo y de tu mente, entregándole la preocupación y la ansiedad a Dios. Aquieta tu mente. Aquieta tu corazón. Deja que tus preocupaciones se desvanezcan mientras las pones en las manos de Él. Deja que Dios calme las tormentas que se enfurecen dentro de ti y abraza el suave silencio de su paz.

Una forma de pensar en centrarse es que se trata de cómo tranquilizarse antes de dar una charla frente a un grupo o prepararse para darle una noticia difícil a alguien. ¿Qué haces? Respiras profundo unas cuantas veces, te liberas de la tensión, te enfocas una y otra vez, y expresas una oración. Te preparas para estar presente por completo en el momento, presente por entero. Lo mismo ocurre con centrarse en la oración.

Esto no es tan fácil como parece. En el momento en que empezamos a centrarnos, todas nuestras preocupaciones y ansiedades se precipitan en nuestra mente. No es muy diferente a lo que sucede cuando nos acostamos a dormir y nos encontramos asaltados por todas las preocupaciones del día. Al principio, el intento de tranquilizarnos puede hacer que nos sintamos aún más intranquilos. Sin embargo, cuando esto sucede, podemos rendirnos a Dios y elegir confiar en Él. El apóstol Pedro escribe: «Pongan todas sus preocupaciones y ansiedades en las manos de Dios, porque él cuida de ustedes» (1 Pedro 5: 7, NTV). A veces me ayuda a visualizarme tomando cada una de mis preocupaciones, poniéndolas en sus manos... y dejándolas allí.

Al centrarme, también soy consciente de mi pecado y mis defectos. Esta toma de conciencia me brinda la oportunidad de confesarme y arrepentirme, de sentir un pesar piadoso por todas mis justificaciones y excusas, y de aceptar el perdón y la gracia de Dios Es el momento de decirle no a algunos de mis deseos y decirle sí al mejor camino que Dios tiene para mí. Entonces, al centrarme más y ser más plenamente consciente, puedo practicar lo que Richard Foster llama «contemplar al Señor». No nos centramos para estar más relajados o en paz (aunque estos son a menudo subproductos maravillosos), sino para poder centrar por completo nuestra atención en el Señor con la mirada interior de nuestro corazón. Nuestro corazón lo contempla y disfruta del calor de su presencia. La alabanza y la adoración surgen de lo más profundo de nuestro ser. Esta es una oportunidad para que vayamos más allá de toda nuestra verborrea religiosa y nos acerquemos a Él en amor con todo nuestro corazón y toda nuestra alma.

Llegados a este punto, estamos preparados para escuchar, para estar quietos y escuchar. Para oír a Dios hablarnos. Richard Foster escribió muy bien sobre cómo es esta experiencia:

En el centro de nuestro ser estamos en silencio. La experiencia es más profunda que el simple silencio o la falta de palabras. Hay quietud, sin duda, pero es una quietud de escucha. Nos sentimos más vivos, más activos, de lo que nunca nos sentimos cuando nuestras mentes están agitadas por la abundancia y la multiplicidad. Algo en lo profundo de nuestro interior se ha despertado y ha llamado nuestra atención. Nuestro espíritu está de puntillas, alerta y a la escucha.

No escuchamos una voz audible ni esperamos una experiencia mística sobrecogedora. Escuchamos con el corazón, no solo con la mente. Y nuestro corazón escuchará cosas que nos transforman, incluso si no podemos explicar de manera racional los cambios que se producen. El acto de escuchar con el corazón nos transforma.

Lo que buscamos en la oración contemplativa no es una exaltación espiritual momentánea, un sentimiento que puede ser maravilloso, pero que pasa pronto. Por el contrario, deseamos una familiaridad íntima con Dios que nos enseñe a estar más atentos a sus suaves susurros durante el transcurso de cada día. La contemplación nos enseña a escuchar.

El objetivo supremo de la oración contemplativa es lo que Tomás de Kempis llamó «una amistad familiar con Dios». No creo que se refiriera a un concepto trivializado de amistad en el que Dios es nuestro amigo. Era algo más grande y profundo. A lo largo de las Escrituras, siempre que alguien se encontraba cara a cara con Dios, experimentaba un profundo y abrumador asombro. Por lo general, se encontraba de rodillas, sobrecogido por la majestad de Dios. El poder de la oración contemplativa es lo que nos lleva a una experiencia que es a la vez íntima y reverente. Nos acercamos al corazón de Dios y empezamos a verle a Él y a nosotros mismos de un modo más profundo y auténtico. Empezamos a comprender nuestra propia pequeñez y mezquindad, y vemos al Señor en toda su grandeza, poder y sabiduría. La familiaridad de la que habla Tomás es la base de la amistad más profunda, donde nos conocemos y somos conocidos.

8

LAS ORACIONES ESPONTÁNEAS Y ESCRITAS

Cuando se trata del romanticismo, no hay nada como un hermoso poema o un recopilatorio de tus canciones de amor favoritas para expresarte a la persona que amas. A veces, un poema o una canción expresan de manera tan acertada y hermosa los sentimientos más profundos para los que no encuentras las palabras adecuadas. Y para quien los recibe, saber que elegiste esas palabras como expresión de tu pasión las convierte en un regalo que atesorar como si vinieran de tu propia boca o pluma.

De la misma manera, no debemos tener miedo de utilizar las palabras de otros como guías en nuestra oración. Repetir oraciones escritas puede ser un maravilloso complemento para nuestra vida de oración. Por supuesto, sería lamentable que *solo* hiciéramos las oraciones escritas por otros, pues también es bueno que Dios escuche las expresiones torpes de nuestros propios corazones, por poco poéticas que sean. Él las atesora como si fueran las oraciones más hermosas y poderosas del más grande de los santos. Del mismo modo que el amado siempre se alegra con un sencillo «te amo», a Dios le encanta escuchar nuestras oraciones más imperfectas. Sin embargo, no tiene por qué ser una cosa o la otra. Una vida de oración saludable puede incluir tanto oraciones espontáneas que surgen del corazón como oraciones elaboradas con sumo cuidado y escritas por otros.

Muchos cristianos viven bajo la falsa idea de que las únicas oraciones verdaderas y auténticas son las espontáneas e improvisadas. No obstante, ¿de dónde surgió esa idea? Las Escrituras mismas ofrecen numerosos modelos de oración, como el Padrenuestro y los Salmos. Hay un salmo que se adapta a casi cualquier estado emocional en el que nos encontremos. Y el Padrenuestro se dio en respuesta a la petición de los discípulos de que Jesús les enseñara a orar. Estas oraciones de las Escrituras, así como las oraciones que se encuentran en colecciones como *El Libro de Oración Común*, pueden darnos las palabras que necesitamos para decir lo que se necesita decir. Pueden convertirse en guías para ayudar a que nuestras oraciones sean completas, y nos permiten concentrarnos en la intención de nuestras oraciones en lugar de quedarnos atrapados en componerlas.

Hacer una oración escrita por otra persona es como recitarle un soneto de Shakespeare a alguien a quien amamos: expresamos nuestros sentimientos utilizando las palabras de Shakespeare. Las revestimos de nuestras propias emociones y dejamos que den voz a cosas que sentimos profundamente, pero que no siempre sabemos cómo expresar. Las oraciones escritas pueden darnos palabras para enmarcar nuestros pensamientos y sentimientos, y ayudarnos a orar más allá de nuestras limitaciones o fijaciones. Nos recuerdan que debemos orar por cosas que, de otra manera, se nos podrían escapar de la mente. Además, nos dan frases que podemos utilizar para expresar de manera más perfecta nuestros propios sentimientos.

He descubierto por mí mismo que una dieta equilibrada de oración incluye tanto los clamores imprevistos del corazón como la disciplina de las oraciones escritas. A veces, incluso me siento y compongo mis propias oraciones a Dios, como quien compone un poema. Te animo a que le escribas una oración a Dios como si le escribieras una carta de amor*. Trabájala y revísala hasta que

* Nota de la editora: Consulta la sección «Mis oraciones» (p. 105), donde encontrarás una guía para crear tus propias oraciones.

diga con exactitud lo que quieres que diga. Después, ofrécesela a Dios: una oración compuesta con diligencia, corazón y profundidad de expresión. Tal vez incluso quieras mostrársela a otros.

También puedes invertir en una buena colección de oraciones escritas que puedas ofrecerle a Dios. Hay muchos buenos libros de oraciones disponibles. Pruébalos hasta que encuentres uno que declare los pensamientos que te gustaría expresar. Luego, haz esas oraciones poco a poco, pensando en cada palabra y haciéndolas de veras tuyas. Descubrirás que tu vocabulario personal de oración se ampliará y fortalecerá. Si te interesa explorar algunas de esas oraciones, te invito a obtener un ejemplar de mi colección *Classic Prayers to Inspire Your Soul* [Oraciones clásicas para inspirar tu alma], en la que reuní algunas de mis favoritas.

9

LA ORACIÓN CON LA BIBLIA

No siempre ha sido así para mí, pero he aprendido a amar la lectura de la Biblia. No porque sea un supersanto (pregúntenle a la gente que me conoce), sino por el efecto que tiene en mi vida. En ella encuentro alimento para mi alma, guía para mi vida diaria, desafío a mi estilo de vida centrado en mí mismo y consuelo para los momentos en que más lo necesito. Ha demostrado ser tan importante para mi vida espiritual que he adoptado el hábito de leer la Biblia todos los días.

Hace unos años, alguien me presentó una forma de leer la Biblia que los santos de todas las épocas han utilizado para deleitarse con las riquezas de la Palabra de Dios. Se llama *lectio divina*, que en latín significa «lectura divina». Si eso te parece prohibitivo o difícil, no te preocupes. Los monjes medievales la usaban como una forma de orar, pero es igual de fácil y relevante para ti y para mí hoy en día.

En este tipo de lectura, lees con mucha más lentitud de lo que lo harías por lo general, y a medida que lees, conviertes cada versículo, cada frase (a veces incluso cada palabra) en una guía para orar. Aunque es fácil leer un par de capítulos en apenas cinco o diez minutos, en la *lectio* a veces se emplean cinco o diez minutos en recorrer un solo versículo. No tiene como objetivo sustituir la lectura y el estudio normales, que también son importantes, pero ofrece una experiencia diferente en la lectura bíblica, una orientada a la aplicación personal. He descubierto que hace que la Biblia cobre vida para mí de una manera práctica y transformadora. Además, le aporta poder y orientación bíblica a mi vida de oración.

Así es como funciona. Eliges un pasaje y lo lees despacio (a mí a menudo me ayuda leerlo en voz alta). A medida que lees, te detienes en cada frase y te dejas guiar en la oración por esa frase. Algunos lo han llamado «lectura-oración», debido a que cada frase tiene el potencial de evocar una gran cantidad de cosas por las que puedes orar. Quizá te encuentres pidiéndole a Dios que haga realidad en tu vida las promesas del versículo, pidiéndole que te revele cómo podrías vivir mejor sus enseñanzas, confesando cómo te has quedado corto en este aspecto o alabando a Dios por lo que revela acerca de su majestad.

Pruébalo. Solo elige un pasaje y léelo despacio. Haz una pausa y reflexiona, y ora a continuación: ora para que sus verdades entren en tu corazón y tu mente, usando la Biblia como una carta de amor personal de Dios, que ofrece esperanza, desafío e instrucción. «En la *lectio divina*», escribe Richard Foster, «hacemos más que leer palabras; escuchamos con el corazón al Santo que está en nuestro interior. Meditamos sobre todas las cosas en nuestro corazón, como lo hizo María. Entramos en la realidad de la que hablan las palabras, en lugar de solo analizarlas».

Al comenzar esta práctica, creo que descubrirás que casi cualquier pasaje de las Escrituras te proporcionará muchos puntos de contacto para la oración.

En tus oraciones, otra forma de experimentar el poder de la Biblia es orando el libro de los Salmos. A lo largo de la historia de la iglesia, los Salmos se han conocido como el libro de oraciones de la Biblia. Este libro del Antiguo Testamento contiene ciento cincuenta cánticos, poemas y oraciones que los cristianos tienen en gran estima. La mayoría de las iglesias de tradición litúrgica incluyen una lectura de los Salmos en cada servicio de adoración. Muchas frases de los Salmos han encontrado su lugar en hermosos himnos, tanto antiguos como nuevos, en coros de adoración populares e incluso en canciones de *rock* de bandas como U2. Los poetas se han hecho eco y han reflejado la belleza y el poder de los Salmos en sus creaciones líricas.

Debido a que los Salmos utilizan el paralelismo en lugar de la rima como recurso poético, se traducen hermosamente a cualquier idioma. Millones de creyentes han acudido a las páginas de los Salmos en busca de esperanza e inspiración durante tiempos oscuros. El famoso Salmo 23 es uno de los más conocidos y memorizados de toda la literatura. Lo aprendí de niño y todavía lo recito a veces ante el miedo y la incertidumbre. Nunca deja de darme esperanza y fortaleza.

La razón por la que el libro de los Salmos siga siendo tan popular es que le da palabras a toda la gama de emociones humanas. No creo que haya ninguna emoción humana que no encuentre expresión en algún lugar de esta colección de escritos poéticos. Los Salmos se nos dan para que los hagamos nuestros, para reflejar nuestras necesidades, deseos y luchas. Proporcionan palabras para emociones que a veces van más allá de nuestra capacidad de expresión, dando forma a nuestros sentimientos e intuiciones desproporcionados.

A menudo, los Salmos brindan palabras que podemos hacer nuestras para ofrecer alabanza y adoración a Dios. Muchos de ellos reconocen el poder del Creador todopoderoso, aquel cuya santa belleza se refleja en la maravilla de su creación. Con los Salmos elevo mi corazón en reconocimiento de la grandeza de Dios.

En otras ocasiones, los Salmos reflejan la injusticia de la vida y la confusión que nos abruma de vez en cuando, haciendo declaraciones sinceras sobre las luchas a las que nos enfrentamos todos. En su sinceridad, los Salmos registran incluso los arrebatos de ira hacia Dios que sentía el salmista cuando todo a su alrededor parecía ir mal, y Dios parecía distante e indiferente. En los Salmos encuentro permiso para ser sincero y abierto con Dios, incluso para entablar discusiones que, aunque sé que no ganaré, tal vez necesite expresar para que Él me muestre un camino mejor.

A veces, los Salmos ofrecen palabras de gran consuelo para nuestras horas más oscuras, momentos en los que el miedo y el terror se apoderan de nosotros, cuando lloramos la pérdida de algo o alguien querido, o cuando estamos confundidos por la aparente ausencia de Dios en medio del dolor. En los Salmos encuentro la esperanza para seguir adelante, la fe para creer, y el consuelo y la seguridad de saber que Él siempre está conmigo.

El misterioso poder de los Salmos se puede encontrar en la paradoja de su naturaleza. Son expresiones crudas y sin censura de la amplia gama de nuestras experiencias, que se nos ofrecen como oraciones de seres humanos falibles. Sin embargo, al mismo tiempo, son también hermosas palabras de esperanza, restauración y convicción que surgen de quienes conocieron a Dios íntimamente, y experimentaron su amor y misericordia de primera mano. Lo divino y lo humano están unidos en las palabras de los Salmos.

En los Salmos, Dios nos ha dado un lenguaje que podemos usar en nuestras conversaciones con Él. A menudo, cuando no tenemos el lenguaje para expresar lo que hay en nuestros corazones, encontraremos en los Salmos las palabras adecuadas para expresar lo que sentimos, ya sea de agradecimiento, asombro, miedo, ira, soledad, incertidumbre o amor. En otras ocasiones, una lectura de los Salmos nos descubrirá sentimientos y emociones que ni siquiera sabíamos que estaban dentro de nosotros.

Tanto si oras uno de los Salmos como si oras de manera lenta o meditativa sobre un pasaje de las Escrituras, descubrirás que la Biblia no solo es nuestro mayor recurso para aprender a orar, sino también es una práctica que puede ayudarnos a hacer oraciones que cambian la vida.

10

EL MISTERIO DE LA ORACIÓN SIN RESPUESTA

A veces, experimentamos respuestas milagrosas e inmediatas a nuestras oraciones.

Otras veces, las respuestas se despliegan con lentitud, como una flor en primavera.

Y hay otras veces en que nuestras oraciones parecen que no se escuchan, cuando no obtenemos lo que pedimos con tanto fervor. Todos conocemos la desilusión de una oración ferviente que no produce el resultado esperado. Puede ser confuso y doloroso. Puede hacernos dudar de la eficacia de la oración, de nuestra relación con Dios o incluso de su bondad. La oración sin respuesta es una de las realidades más preocupantes para cada cristiano.

Sin embargo, lo cierto es que no existe tal cosa como una oración sin respuesta. Nuestras oraciones siempre se responden. El oído de Dios siempre está atento a nuestras peticiones, pero a veces su respuesta no es la que queríamos. Hay tres respuestas dadas a la oración: sí, no y espera.

En ocasiones, nuestras oraciones no reciben respuesta debido a que somos egoístas y pedimos cosas que no serían buenas para nosotros. «Cuando piden, no reciben porque piden con malas intenciones, para satisfacer sus propias pasiones» (Santiago 4:3).

Con frecuencia, nuestras oraciones no reciben respuesta debido a que Dios tiene un plan mayor en mente. Cuando el apóstol Juan hace una promesa sobre la respuesta a la oración, viene con una condición: que sea la voluntad de Dios. «Esta es la confianza que tenemos al acercarnos a Dios: que, si pedimos cualquier cosa conforme a su voluntad, él nos oye» (1 Juan 5:14). Por lo tanto, si oramos por algo que está fuera de la voluntad de Dios, no obtendremos la respuesta que esperamos recibir, ¡y gracias a Dios por eso! No olvidemos que incluso Jesús tuvo que lidiar con oraciones sin respuesta. Aunque pidió que pasara de Él la copa de la muerte, tuvo que ir a la cruz.

En ocasiones, nos damos cuenta solo en retrospectiva de que la respuesta que esperábamos fue prematura o no habría sido lo mejor para nosotros. Dios, en su sabiduría y amor, a menudo rechaza nuestras peticiones por considerar que serían perjudiciales para nuestro supremo bien. Estoy agradecido de que no todas mis oraciones se hayan respondido en el tiempo y la forma en que oré. «Oramos por plata, pero Dios a menudo nos da oro en su lugar», dijo Martín Lutero. Al volver la vista atrás, me doy cuenta de que algunas de mis oraciones estaban mal encaminadas.

Otras veces es solo una cuestión de tiempo. Nuestras oraciones parecen no recibir respuesta porque somos impacientes, porque no nos damos cuenta de que el tiempo de Dios no es el mismo que el nuestro. Charles Spurgeon escribió: «Con frecuencia las respuestas más ricas no son las más rápidas. Una oración puede ser más retardada en su viaje porque nos está trayendo una carga más pesada de bendición. Las respuestas que tardan no son solo pruebas de fe, sino que nos dan oportunidad de honrar a Dios por nuestra confianza fiel en Él bajo una aparente negativa».

Sean cuales sean las razones de nuestras oraciones sin respuesta, el mayor obstáculo para muchas personas es la sensación de que la oración no da resultado. Es probable que todos podamos señalar momentos en los que oramos con fervor, pero no parece surtir efecto. Ahora bien, si nuestras oraciones se centran en obtener el último modelo de BMW o una nueva casa de vacaciones en Cabo Cod, la falta de respuesta celestial no sería una sorpresa. Sin embargo, lo más preocupante son esas oraciones por necesidades perfectamente loables que no parecen obtener mucha atención de Dios.

A veces no conseguimos lo que *queremos*; a veces parece que tampoco conseguimos lo que *necesitamos*. Cuando todas nuestras oraciones sin respuesta se multiplican, podemos tener una sensación de fatalismo respecto a la oración. ¿Para qué molestarse?

Tal vez podamos entender que Él no cumpla nuestras peticiones egocéntricas; aun así, ¿qué sucede con las oraciones por un niño que sufre o un amigo que se enfrenta a una dolorosa enfermedad? ¿O por alguien cuya carga podría aliviarse con un poco de dinero que apareciera de forma milagrosa en su cuenta corriente? Estas son más difíciles de entender para nosotros. Y a menos que hayamos cerrado los ojos a la realidad, sabemos que las oraciones por el sustento básico de millones de cristianos que viven en una pobreza aplastante en todo el mundo parecen no tener respuesta. ¿Qué hacemos con todo esto?

No puedo ofrecer respuestas satisfactorias a la pregunta de por qué en ocasiones Dios obra milagros y en otras no. Lo mejor que puedo hacer es sugerir que, como Él no es una máquina ni un sistema que podamos manipular, Él opera como quiere. Que Él ve un panorama más amplio. Eso, por supuesto, no hace que desaparezcan todas mis preguntas. La oración sigue siendo un misterio.

Entonces, ¿por qué orar? En primer lugar, porque consiste más en vivir nuestra relación con Dios que en obtener respuestas a necesidades y deseos concretos. En segundo lugar, porque Dios nos ha invitado a orar y sería una tontería que no aceptáramos esa invitación. Y, en tercer lugar, porque a Dios le encanta asociarse con los seres humanos, a fin de cumplir su voluntad en el mundo y, a veces, suceden cosas asombrosas cuando oramos. Nuestras oraciones son uno de los principales recursos para esa asociación. Como sugirió Blaise Pascal: «Dios instituyó la oración para conferirles a sus criaturas la dignidad de la causalidad». Del mismo modo, Charles Spurgeon llamó a la oración «una de las ruedas necesarias de la maquinaria de la providencia». Sí, uno de los misterios de la oración es que Dios la usa para hacer las cosas. Cuando oramos, nos ponemos al lado de Dios para trabajar con Él, para que se nos dé una muestra de la participación en el acto continuo de la creación. Como escribió Abraham Heschel: «Orar es soñar en alianza con Dios».

Cuando nuestras oraciones no obtienen la respuesta que pensamos que deberían recibir, debemos recordar la sabiduría de Dios, Aquel que ve el panorama completo, que tiene una perspectiva que nosotros nunca podríamos ver. Tenemos que aceptar que la oración no es una fórmula mágica y que en ocasiones Dios decide no responder nuestras oraciones a pesar de nuestros mejores motivos e intenciones. De este lado de la eternidad, tal vez nunca estemos satisfechos con la razón por la que algunas oraciones parecen quedar sin respuesta. Sin embargo, la palabra clave aquí es «parece», pues Dios escucha de veras cada una de nuestras oraciones.

La oración sin respuesta es un misterio que debemos aceptar si queremos ser personas de oración. Aun así, no podemos permitir que nos desanime a orar. A pesar de las preguntas y complicaciones de la oración, solo debemos decidirnos a seguir orando.

11

CÓMO APRENDES A ESTAR MÁS DESPIERTO Y A SER MÁS CONSCIENTE

Hace algún tiempo, una de las mujeres con las que trabajo entró en mi oficina para hacerme una pregunta, y se detuvo a mitad de la frase, mirando a través de las persianas abiertas una tarde de veranillo. El cielo azul era intenso y casi despejado contra una hilera de árboles de hoja perenne en colinas distantes, y los árboles cercanos habían estallado en rojos, naranjas y amarillos furiosamente llameantes. «Vaya», dijo, «tienes una vista hermosa desde tu ventana».

Cuando me volví para mirar, sentí una punzada intensa en lo más profundo de mi ser. «Sí», asentí, «es increíblemente hermosa». No obstante, me di cuenta de que, en los últimos días, mientras este precioso paisaje de la mano del Divino pintor se retocaba con fuego otoñal, yo ni siquiera lo noté.

La semana había sido ajetreada y más que un poco estresante. Había muchas cosas que me distraían de la maravilla que había tras mi ventana. Estaba atrasado en responder algunos correos electrónicos significativos, tenía documentos importantes que necesitaba leer y comentar, un par de crisis menores que sortear... en fin, solo una semana normal. Había estado demasiado ocupado para prestarle atención. Y la pérdida fue mía. Si mi compañera de trabajo no me hubiera señalado lo que había justo al otro lado de mi ventana, podría haber pasado varias semanas más sin prestarle atención, y para entonces las hojas habrían comenzado a perder su agarre y a realizar su lenta pirueta hacia el suelo.

Nos perdemos mucho por no prestar atención.

Uno de los maravillosos dones de llevar una vida de oración es que nos enseña a mantenernos despiertos y a darnos cuenta de las cosas. Cuando hacemos de la oración una actividad central de nuestra vida, eso marca la diferencia. Puesto que cuando buscamos la comunión y la comunicación con Dios, nos acercamos un poco más a experimentar la vida a través de sus ojos. Cambiaremos al adquirir nuevas perspectivas y ver los profundos significados que nos rodean cada minuto de cada día. Cuando oramos, despertamos: despertamos a Dios, despertamos a nosotros mismos, y despertamos al mundo que nos rodea y a todas esas personas cuyas vidas se cruzan con la nuestra.

Cuando veo la vida a través de los ojos de Dios, caminando a través de mis días con Él como mi compañero, empiezo a prestar atención. Noto el dolor en los ojos de un amigo o compañero de trabajo. Oigo el grito urgente de una sirena lejana y sé que alguna tragedia está impactando la vida de alguien. Soy consciente de mi egocentrismo y de todas las mentirijillas que me impongo a mí mismo y luego al mundo. Se me saltan las lágrimas de agradecimiento ante dulces momentos de belleza y siento que mi corazón se eleva. Y todas estas cosas se convierten en alicientes para orar. Dios a veces utiliza mis débiles oraciones como instrumento para iniciar un cambio para mejor: una sanidad del corazón, del cuerpo o del espíritu, una intervención de la gracia, del perdón o de la protección, un sentimiento más profundo de apreciación y agradecimiento que suaviza y transforma.

Cuando entendemos que Dios quiere usar nuestras oraciones, desearemos estar despiertos y ser conscientes para que nuestras oraciones puedan desempeñar su misterioso papel de enderezar las cosas.

Así que, a medida que transcurre tu día, mantente atento a esa pequeña y apacible voz interior. Mantén los ojos abiertos a toda la belleza, el dolor y el anhelo que te rodean. Abre tu corazón al mundo y llévalo ante Dios en oración. Vive la aventura de estar despierto conversando con Dios sobre todo lo que ves y experimentas. Puede que tengas que despertarte de vez en cuando y mirar por la ventana para recordarte lo que te estás perdiendo.

12
DISPONTE A SER LA RESPUESTA A TUS ORACIONES

Hace unos días, me desperté con la fuerte impresión de que necesitaba orar por un amigo con el que no había hablado en mucho tiempo. He aprendido a obedecer a esos impulsos, así que me tomé unos minutos antes de levantarme de la cama para pedirle a Dios que estuviera con mi amigo, que le diera la fortaleza y el consuelo que pudiera necesitar, y que lo cuidara. Luego me froté los ojos y comencé mi día.

Más tarde, recordando la oración, busqué a mi amigo y le pregunté cómo estaba. Después de recibir la respuesta habitual de «bien», me detuve un momento, lo miré a los ojos y le dije: «No, de verdad. ¿Estás bien?». Se quedó callado por un momento, bajó la mirada y respondió: «No. Lo estoy pasando mal. Muy, muy mal». Así que me acomodé en una silla frente a él y escuché cómo desahogaba su corazón sobre todas las cosas que le iban mal y que lo habían llevado a preguntarse si valía la pena vivir. Lo escuché, le comenté algunas reflexiones sobre problemas similares a los que me había enfrentado en la vida, y le ofrecí algunas palabras de consuelo y consejo.

Cuando me levanté para marcharme, me dijo que Dios debía de haberme enviado, pues mucho de lo que le dije era con exactitud lo que necesitaba escuchar. Horas después, me envió un correo electrónico para expresarme de nuevo su agradecimiento por mis pensamientos, pero sobre todo para darme las gracias por ser su amigo.

Pude haber sentido con facilidad que, al ofrecer una oración esa mañana, había cumplido con mis responsabilidades. Me resulta sencillo orar por algo y luego pensar que terminó mi trabajo. O lo que es peor, ofrecerme a orar («Oraré por ti sobre eso...») y pensar que cumplí con mi deber.

Estoy aprendiendo que el impulso de orar es a menudo una señal para que actúe. La oración y la acción deben ir de la mano.

No es raro para mí descubrir que Dios quiere usarme como parte de la respuesta a algunas de mis oraciones. Como dijo una vez William Booth, el fundador del Ejército de Salvación: «Trabaja como si todo dependiera del trabajo y ora como si todo dependiera de la oración». Ambos trabajan juntos en armonía.

Cuando veo a una persona sin hogar en la calle, a menudo siento una punzada de compasión y un impulso de orar para que Dios satisfaga sus necesidades, le proporcione comida y refugio, y la ayude a encontrar el camino hacia una vida mejor. Es bueno orar por los sintecho. Sin embargo, ¿podría ser también que Dios me esté llamando a involucrarme para marcar una diferencia a largo plazo en la vida de las personas sin hogar de mi comunidad?

Cuando veo niños hambrientos de todo el mundo en mi televisión, suelo sentirme inspirado a orar por ellos, no solo para que encuentren comida, medicinas y un lugar seguro donde dormir, sino también para que encuentren un futuro mejor. Entonces, ¿podría ser que Dios también me esté llamando a usar mi tiempo y dinero para ayudar a que sus vidas sean un poco mejores?

La respuesta, por supuesto, es sí. Dios no solo quiere que oremos por ellos, sino que marquemos la diferencia a través de nuestro tiempo, nuestro dinero y nuestros votos. Nuestras oraciones y acciones van de la mano, pues a menudo Dios quiere que seamos parte de la respuesta a las oraciones que hacemos. La oración no solo es una actividad pasiva. Es, en palabras y acciones, el acto de asociarnos con Dios para cumplir su voluntad en la tierra. No nos atrevamos a usar la frase «oré por eso» como excusa para la inactividad. A veces nuestras acciones les dan pie a nuestras oraciones.

A los ojos de Dios, nuestras acciones obedientes y sacrificadas son, en sí mismas, una forma de oración. Jean Nicolas Grou escribió: «Toda acción realizada a los ojos de Dios, pues es la voluntad de Dios y de la manera que Dios quiere, es una oración, y es en sí una oración mejor que la que se podría hacer con palabras en esos momentos».

Cuando las oraciones y las acciones se unen, cambia nuestra forma de vivir. Hace que nuestra vida misma sea una oración. Por lo tanto, no reduzcamos nuestras oraciones solo a palabras; más bien, hagamos de la totalidad de nuestra vida una oración viva y palpitante a Dios. Cuando vemos una necesidad, nunca está de más empezar con la oración. Sin embargo, después debemos preguntarnos cómo quiere Dios utilizarnos como parte de la respuesta.

CONCLUSIÓN
LA AVENTURA TRANSFORMADORA DE LA ORACIÓN

La oración es un tema tan amplio y extenso que un pequeño libro como este apenas puede tocar la superficie. Espero que te ayudara a pensar de manera más profunda sobre la oración, te diera más confianza para orar y te desafiara a explorar cómo la oración puede cambiar tu vida.

Una vida activa de oración nos mantiene conectados al poder que viene de Dios, y nos ofrece la promesa de crecimiento espiritual, santidad y una intimidad más profunda con Él. Sin embargo, no debemos pensar en la oración como una panacea, una vía de escape de los problemas de la vida o una forma de garantizar nuestra felicidad personal. La oración es mucho más que eso. Es una tarea a la que debemos comprometernos si queremos darle sentido a nuestra vida a la luz de la eternidad. Como escribió Abraham Heschel:

> La oración no es una panacea ni un sustituto de la acción. Es, más bien, como un rayo de luz que se proyecta ante nosotros desde una linterna en la oscuridad. Es en esa luz donde andamos a tientas, tropezamos y trepamos, descubrimos dónde estamos parados, qué nos rodea y el camino que debemos elegir. La oración hace visible lo verdadero, y revela lo que obstaculiza y es falso. En su resplandor, contemplamos el valor de nuestros esfuerzos, el alcance de nuestras esperanzas y el significado de nuestras acciones.

Por eso la oración, aunque a veces sea difícil y misteriosa, es tan importante. Nunca la entenderás del todo de este lado de la eternidad. A veces puede desconcertarte y dejarte perplejo. Otras veces, en cambio, te fortalecerá, te guiará, te consolará y te sorprenderá. Y puede que te cambie mucho más allá de tus expectativas.

A veces, cuando oro, mi situación cambia.

Aun así, más a menudo, cuando oro, el que cambia soy yo.

MIS ORACIONES

¡NO DESCUIDES EL TIEMPO QUE DEBES DEDICARLE A LA ORACIÓN!

A través de la siguiente guía, Editorial Unilit te insta a poner en práctica lo aprendido con las lecciones que te ofrece este hermoso libro del Dr. Terry Glaspey. Por eso ahora, te preguntamos: «¿Estás dispuesto a experimentar todo lo bueno que el Señor tiene para ti a través de la oración?».

Usando los temas de este pequeño libro, escríbele algunas oraciones al Señor para decirle lo que sientes en tu corazón. Recuerda que Él siempre quiere escucharte.

1. Hazte el propósito de orar para tener una mejor relación con Dios.

2. Dile al Señor que necesitas su fortaleza y amor para vivir como a Él le agrada.

3. ¿Las preocupaciones te tienen agobiado? Ora y dile al Señor cómo te sientes.

4. Sé sincero y confiésale al Señor tus pecados. No olvides pedirle también que te perdone. ¡Él lo hará!

5. Aprende a escuchar la voz de Dios en tus oraciones. Como dice el autor: «Un error común que cometemos con respecto a la oración es pensar que se trata sobre todo de un monólogo». Pídele al Señor que te enseñe cómo escucharlo y no que siempre hables tú.

6. ¿Estás preparado para practicar la presencia de Dios en tu vida de oración? Recuerda que Él nunca te abandona, así que ve ante Él y exprésale lo que significa para ti su compañía en todo momento.

7. ¿Qué dice el autor de la oración contemplativa? ¿Cómo puedes tratar de llegar al corazón de Dios a través de este tipo de oración? Si no lo sabes, antes de escribir esta oración, pídele sabiduría y discernimiento... ¡Y Él te los dará!

8. Si tus oraciones siempre son espontáneas, ahora ya estás practicando las escritas. Sigue haciéndolo, ¡pues eso alimentará tu corazón!

9. ¿Alguna vez has hecho oraciones usando la Biblia? Escoge promesas de la Palabra del Señor tu Dios, y hazla tuyas. Verás cómo cobra mayor vida.

10. ¿Alguna vez te has preguntado por qué oras y no tienes respuesta? Dile al Señor el anhelo de tu corazón y pídele que te muestre lo que debes hacer.

11. Se más consciente de lo que el Señor te revela cada día a través de la naturaleza, de la sonrisa de un niño, o de cualquier otra cosa que te quiera mostrar. Así que dale gracias por todo lo que te rodea y pídele que te abra bien los ojos para contemplar sus maravillas.

12. ¿Nunca has pensado que Dios puede usarte para ser la respuesta de las oraciones que hacen otros? Escríbele al Señor y pídele que tengas oídos atentos para ser un instrumento de bendición para quienes te rodean.

En este libro, Terry Glaspey nos recuerda que la oración es una aventura transformadora. Si haces un alto cada día de tu vida para tener comunión con Dios a través de la oración, ¡de seguro que tu vida nunca será la misma!